图书在版编目（CIP）数据

艾特熊&赛娜鼠．圣诞派对／（比利时）嘉贝丽·文生（Gabrielle Vincent）图·文；梅思繁译．
—上海：上海人民美术出版社，2009
ISBN 978-7-5322-5715-7

I. 艾… II. ①嘉… ②梅… III. 图画故事—比利时—现代 IV. I564.85

中国版本图书馆 CIP 数据核字（2009）第 024125 号
沪权图字：09-2006-133

艾特熊&赛娜鼠——圣诞派对

Noël cbez Ernest et Célestine

图·文／（比利时）嘉贝丽·文生 翻译／梅思繁
责任编辑／周燕琼 安 宁 美术编辑／雷晓玲 装帧设计／王 睿
出版发行／上海人民美術出版社 经销／全国新华书店
印刷／凸版印刷（深圳）有限公司
开本／787×1092 1/12 6 印张
版次／2009 年 4 月第 1 版第 1 次印刷
书号／ISBN 978-7-5322-5715-7
定价／52.00 元（全二册）

策划／海豚传媒股份有限公司 网址／www.dolphinmedia.cn 邮箱／dolphinmedia@vip.163.com
咨询热线／027-87398305 销售热线／027-87396822
海豚传媒常年法律顾问／湖北立丰律师事务所 王清博士 邮箱／wangq007_65@sina.com

艾特熊&赛娜鼠

圣诞派对

[比利时]嘉贝丽·文生/图·文　梅思繁/译

上海人民美術出版社

—艾特,离圣诞节还有几天?
—还有六天……
—你答应过,要为我和好朋友们办一场圣诞派对的哦!

—赛娜，我们没那么多钱……
走吧，回去吧！

—可是艾特，
圣诞聚餐不用花很多钱啊！

—要准备礼物、圣诞树、蛋糕、
蜡烛……一大堆东西……

— 艾特，我保证不会花很多钱！
— 赛娜，天太冷了，不适合聚会哦！

—……我们到树林里找一大
段木头，再找一棵杉树！

—你拉小提琴，我们唱歌、
跳舞！吃的东西嘛……

—你做些蛋糕、薄饼、
橙汁和巧克力！

—至于礼物嘛，
我们做些卡片，粘贴画……

—……小帽子，星星。

—……花环，彩带，这些
我都可以和你一块儿
画哦！

—答应我，艾特，答应我嘛！
—不行！不行！今年绝对不行！

—你明明答应过我的……

—好吧，既然我答应过你……
那我们就开始准备吧！

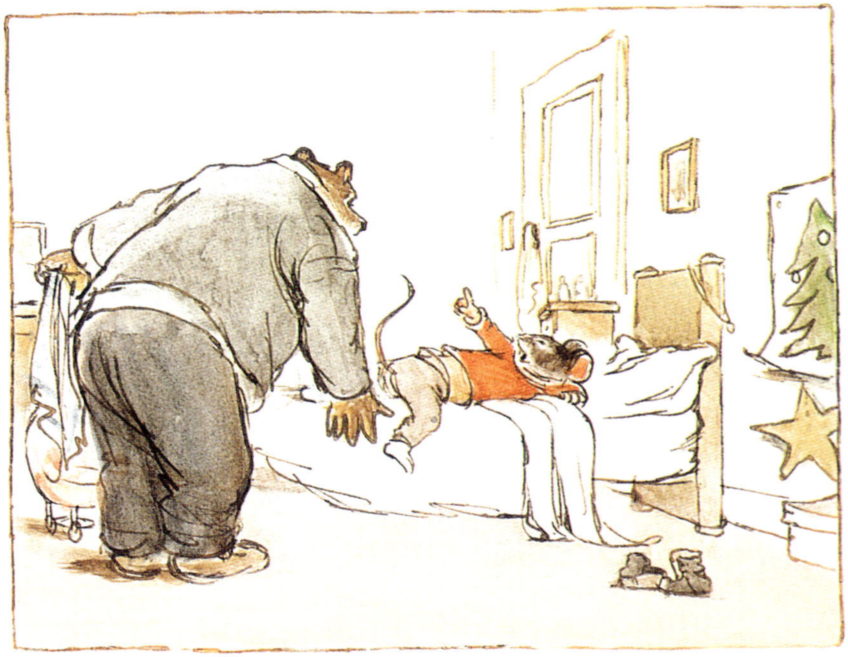

—艾特，你真的忘记了吗？

—哇！艾特，
你画得太棒了！

—想看看这些漂亮的礼物吗?
—我在做蛋糕……我来了。
赛娜,我们还差一套餐具……

—那边……那边，我看到瓶子和碟子了！
那边说不定还能找到我的道具服哦……

—不错啊！

—给，你的裙子！

—好好写，赛娜 ：

艾特和赛娜家将举行大型圣诞派对。请带上你们的笛子，铃鼓，蜡烛和帽子。欢迎届时光临！

—这就是你们的派对啊？

—……专门为你开的派对？

—你管这个叫“圣诞树”吗？

—好难看的帽子，好难看的花环，连唱片都没有！

—不要这样哦，赛娜，我们都觉得很漂亮！

— 艾特，快看，
圣诞老人来了！

— 艾特，艾特？

— 艾特，你在哪儿啊？

— 艾特不见了！

—赛娜没有认出艾特，
她还以为真的圣诞老人来了！

——赛娜，圣诞老人就是艾特呀！

—哈哈！跳得再热烈一点哦！
—继续跳啊，赛娜！

—讲故事，讲故事，给我们讲个故事嘛！

——很久很久以前，在一个遥远的国度里……

—艾特，孩子们的爸爸妈妈来了。

—哦！艾特，我还从来
没有这么高兴过呢！

—你还想再来一次吗，赛娜？
嗯，圣诞派对太棒了！
……明年我们再办一次，好吗？

—你说“明年”！
—你听到了吗？

—我们明年再开一次派对,行吗?

—安静点吧,赛娜……

—我的圣诞树……
丛林之王……